DAS KOMPLETTE ENTSAFTUNGSREZE PTBUCH

101 leckere Entsaftungsrezepte, die Ihnen helfen, auf natürliche Weise schnell Gewicht zu verlieren, mehr Energie zu haben und sich großartig zu fühlen

EWALD BAYER

Sommario

EINLEITUNG

Wie oft trinkst du Saft?

Ich meine nicht die verpackten, abgefüllten oder verarbeiteten Sorten, sondern Gläser mit Saft aus frischen, ganzen und gesunden Zutaten. Wenn Sie gerne Saft trinken, wird sich dieses eBook sicherlich als nützlich für Sie erweisen, da es darum geht, wie Sie das Beste aus diesem erfrischenden Getränk herausholen können. Wenn Sie keinen Saft trinken oder zu Hause keinen eigenen Saft herstellen, ist es jetzt an der Zeit, damit anzufangen.

Heutzutage ist das Essen so vielfältig und reichlich geworden, dass viele Menschen häufig zu viel davon essen. Verarbeitete Fleischprodukte, Backwaren mit hohem Zuckergehalt, Junk Food, Fast Food und mehr. Wenn Sie diese Art von Lebensmitteln weiterhin essen, bemerken Sie möglicherweise, dass Sie an Gewicht zunehmen und eine Reihe beunruhigender Gesundheitsprobleme entwickeln. Aus diesem Grund würden Sie nach Möglichkeiten suchen, Ihren Körper zu entgiften und

„zurückzusetzen", um Ihre Gesundheit zu verbessern.

Wenn Sie dieses eBook lesen, bedeutet das, dass Sie erkannt haben, dass es an der Zeit ist, Ihre Gewohnheiten zu ändern. Das ist eine tolle Sache! Nun gilt es im nächsten Schritt festzulegen, wie Sie den Weg zu einem gesünderen Körper einschlagen können.

Aus diesem Grund könnte das Entsaften nur der Schlüssel sein, um ein gesünderes Ich freizuschalten.
Auch wenn das Entsaften einfach und leicht erscheint, steckt mehr dahinter, als die meisten Leute denken. Zum einen bringt das Entsaften eine Reihe von gesundheitlichen Vorteilen mit sich, die Sie sicherlich interessieren werden. Hier sind einige Beispiele:

A. Das Entsaften hilft Ihnen, Ihren Obst- und Gemüsekonsum pro Tag zu erhöhen.

B. Durch das Entsaften können Sie viele Nährstoffe zu sich nehmen, die Ihr Körper leicht aufnehmen kann.

C. Entsaften bietet entgiftende Wirkungen, um Sie gesünder zu machen.

D. Entsaften fördert die Gewichtsabnahme.

E. Entsaften gibt Ihnen mehr Energie.

F. Das Entsaften ist einfach, leicht und bietet viel Abwechslung.

G. Das Entsaften ist auch für Erwachsene und Kinder geeignet – obwohl die Entsaftungsmethoden je nach Alter variieren können.

H. Entsaften gibt Ihrem Immunsystem einen Schub.

ENTSAFTEN FÜR ANFÄNGER

1. Saft der grünen Göttin

Zutaten

- 3 Stangen Sellerie
- 1/2 große Gurke, in Viertel geschnitten
- 1 mittelgroßer grüner Apfel, in Achtel geschnitten
- 1 mittelgroße Birne, in Achtel geschnitten

a) Entsaften Sie alle Zutaten gemäß den Anweisungen für normales Entsaften in Ihrem Entsafter-Handbuch.

b) Sofort trinken oder eine Stunde kühl stellen und dann genießen.

2. Ingwer-Zinger-Saft

Zutaten

-

  2 mittelgroße Äpfel, in Achtel
  geschnitten
- 5 Karotten (muss nicht geschält
  werden)
- 1/2-Zoll frischer Ingwer
- 1/4 Zitrone

a) Entsaften Sie alle Zutaten gemäß den
   Anweisungen für normales Entsaften in
   Ihrem Entsafter-Handbuch.

b) Sofort trinken oder eine Stunde kühl
   stellen und dann genießen.

3. Tropi-Kale-Saft

Zutaten

-

  1/4 einer frischen Ananas, Haut und Kern
  entfernt und in 1-Zoll-Streifen
  geschnitten
- 4 Grünkohlblätter ● 1 reife Banane,
  geschält
- Für antioxidativen Blast Juice:
- 2 mittelgroße Rüben, in Viertel
  geschnitten und das Grün
- 1 Tasse Blaubeeren
- 1 Tasse halbierte, geschälte Erdbeeren

c) Entsaften Sie alle Zutaten gemäß den
   Anweisungen für normales Entsaften in
   Ihrem Entsafter-Handbuch.

d) Sofort trinken oder eine Stunde kühl stellen und dann genießen.

4. Immun-Booster-Saft

Zutaten

-

  2 Orangen, geviertelt
- 1/4 Zitrone (Schale entfernen für weniger Bitterkeit)
- 1 mittelgroßer Apfel, in Achtel geschnitten
- 1/2 "frischer Ingwer

a) Entsaften Sie alle Zutaten gemäß den Anweisungen für normales Entsaften in Ihrem Entsafter-Handbuch.

b) Sofort trinken oder eine Stunde kühl stellen und dann genießen.

5. Grünkohl-Kickstart-Saft

Zutaten

-
- 1 Orange, geviertelt
- 1 Tasse halbierte und geschälte Erdbeeren
- 2 Grünkohlblätter
- 3 Karotten
- 1 reife Banane

a) Entsaften Sie alle Zutaten gemäß den Anweisungen für normales Entsaften in Ihrem Entsafter-Handbuch.

b) Sofort trinken oder eine Stunde kühl stellen und dann genießen.

6. Gurkenkühler Saft

Zutaten

-

  1/4 reife Cantaloupe-Melone, entkernt, in Stücke geschnitten (kein Schälen nötig)
- 2 Stangen Sellerie
- 1/2 Gurke, in Scheiben geschnitten
- 1/4 Zitrone (Schale entfernen, um die Bitterkeit zu reduzieren)

a) Entsaften Sie alle Zutaten gemäß den Anweisungen für normales Entsaften in Ihrem Entsafter-Handbuch.

b) Sofort trinken oder eine Stunde kühl stellen und dann genießen.

ENTSAFTEN ZUR GEWICHTSVERLUST

7. Granatapfelsaft

Richtungen

a) Einen frischen Granatapfel quer halbieren.

b) Heben Sie den Griff Ihres Entsafters an und legen Sie eine Hälfte des Granatapfels mit dem fleischigen Teil nach unten darauf.

c) Drücken Sie mit mäßigem Druck nach unten und beobachten Sie, wie frischer Saft aus den Früchten fließt. Drücken Sie weiter, bis Sie das Gefühl haben, den ganzen Saft aus der Frucht extrahiert zu haben.

d) Entsaften Sie Granatapfelhälften so lange, bis Sie genug Saft für ein Glas haben.

e) Wenn Sie reinen Saft ohne Samen möchten, können Sie ihn zuerst durch ein Sieb passieren.

f) Wenn die entsaftete Granatapfelfrucht nicht süß genug ist, können Sie Ihrem Saft einen natürlichen Süßstoff hinzufügen. Aber wenn Ihr Hauptziel darin besteht, Gewicht zu verlieren, müssen Sie sich vielleicht antrainieren, frische Fruchtsäfte ohne Zugabe von Zucker zu genießen.

8. Wassermelonensaft

Richtungen

a) Schneiden Sie die Wassermelone in zwei Hälften und schneiden Sie die Früchte weiter in Würfel.

b) Entfernen Sie die Kerne aus dem Fruchtfleisch. Sie können die weißen, zarten Kerne belassen, wenn Sie etwas Textur in Ihrem Saft nicht stören.

c) Legen Sie die Wassermelonenwürfel in Ihren Entsafter und drücken Sie sie nach unten, damit frischer Saft fließt.
Fahre damit fort, Wassermelonenwürfel zu entsaften, bis du genug für ein Glas hast.

9. Grapefruitsaft

Richtungen

a)

Spüle die Grapefruit gründlich mit warmem Wasser ab.

b) Die Grapefruit quer halbieren.

c) Legen Sie eine halbe Grapefruit mit der fleischigen Seite nach unten in Ihren Entsafter.

d) Drücken Sie auf Ihren Entsafter, bis frischer, rosafarbener Saft zu fließen beginnt.

e) Wiederholen Sie diese Schritte, bis Sie ein ganzes Glas mit frischem Saft gefüllt haben.

f) Durch das Trinken von Grapefruitsaft steigern Sie Ihre Aufnahme von Vitamin C. Dieser Saft enthält auch Ballaststoffe, Magnesium und Kalium.

g) Kombinieren Sie dies mit einer gesunden, ausgewogenen Ernährung und regelmäßiger Bewegung, und Sie werden sicher beginnen, diese hartnäckigen überschüssigen Pfunde zu verlieren.

10.   Karottensaft

Karotten hacken, damit sie sich leichter entsaften lassen. Aber wenn Sie einen leistungsstarken Entsafter haben, können Sie diesen Schritt überspringen.

b) Legen Sie die Karottenstücke in Ihren Entsafter und drücken Sie sie nach

Richtungen

a)

unten, bis frischer Saft zu fließen beginnt. Machen Sie so weiter, bis Sie ein Glas frischen Karottensaft erhalten haben.

c) Obwohl es am besten ist, Karottensaft zum Frühstück zu genießen, können Sie ihn auch jederzeit trinken.

d) Karotten enthalten auch Antioxidantien, die Ihr Immunsystem stärken können. Dies ist ein wichtiger Vorteil, wenn Sie versuchen, Gewicht zu verlieren.

11.   Kohlsaft

Richtungen

a)

Wählen Sie einen Kohlkopf, der fest ist und knackige Blätter hat. Diese Kohlsorte produziert mehr Saft als Kohlköpfe mit schlaffen, vergilbenden Blättern.

b) Spülen Sie den Kohl unter fließendem kaltem Wasser ab.

c) Schneiden Sie den Kohlkopf in Blöcke, die in den Einfüllschacht Ihres Entsafters passen.

d) Legen Sie die Kohlblöcke in Ihren Entsafter und drücken Sie sie nach unten, bis frischer Saft zu fließen beginnt.

e) Fügen Sie weitere Kohlblöcke hinzu, bis Sie genug Saft haben, um ein Glas zu füllen.

12. Gurkensaft

Richtungen

a)

    Schneiden Sie die Enden der Gurke ab.

b) Sie können es vor dem Entsaften schälen oder nicht. Achte in jedem Fall darauf, die Gurke zuerst abzuspülen, bevor du mit dem Schneiden beginnst.

c) Schneiden Sie die Gurke in Stücke, die in den Einfüllschacht Ihres Entsafters passen.

d) Gurkenstücke in den Entsafter geben und nach unten drücken, bis frischer Saft zu fließen beginnt.

13. Saftmischung aus grünen Früchten und Gemüse

Portionsgröße: 1 Portion

Zutaten

- ½ Zitrone

- 1 Gurke

- 1 Stück Ingwer (frisch)

- 2 grüne Äpfel

- 3 Selleriestangen (Blätter entfernen)

- ein Zweig Minze

Richtungen

a) Waschen Sie alle Früchte und Gemüse und tupfen Sie sie dann mit einem Papiertuch trocken.

b) Ingwer, Äpfel, Gurke und Zitrone schälen.

c) Schneiden Sie alle Zutaten in Stücke, die in den Einfüllschacht Ihres Entsafters passen.

d) Legen Sie die Obst- und Gemüsestücke in Ihren Entsafter. Drücken Sie auf den Entsafter, bis frischer Saft zu fließen beginnt. Das Entsaften der Zutaten

hängt von der Art des Entsafters ab, den Sie besitzen.

e) Wenn Sie genug Saft haben, um ein Glas zu füllen, fügen Sie den Minzzweig hinzu und genießen Sie.

14. Saftmischung aus Wurzeln, Blättern und Früchten

Portionsgröße: 1 Portion

Zutaten

- $\frac{1}{4}$ Ananas

- $\frac{1}{2}$ Zitrone

- 1 mittelgroße Rübe

- 1 Orange

- 2 Rotkohlblätter

- 3 mittelgroße Karotten

- eine Handvoll Spinat

Richtungen:

a) Waschen Sie alle Früchte und Gemüse und
   tupfen Sie sie dann mit einem Papiertuch
   trocken.

b) Ananas, Zitrone, Rüben, Karotten und
   Orange schälen.

c) Schneiden Sie alle Zutaten in Stücke, die in
   den Einfüllschacht Ihres Entsafters
   passen.

d) Legen Sie die Obst- und Gemüsestücke in
   Ihren Entsafter. Drücken Sie auf den
   Entsafter, bis frischer Saft zu fließen
   beginnt. Das Entsaften der Zutaten
   hängt von der Art des Entsafters ab, den
   Sie besitzen.

e) Wenn Sie genug Saft haben, um ein Glas zu
   füllen, trinken Sie aus!

15.   Tropische Saftmischung

Portionsgröße: 1 Portion

Zutaten

- $\frac{1}{2}$ Tasse Ananasstücke

- 1 großer Apfel

- 2 große Karotten

- 2 Stück Ingwer (frisch)

Richtungen:

a) Waschen Sie alle Früchte und Gemüse und tupfen Sie sie dann mit einem Papiertuch trocken.

b) Äpfel, Karotten und Ingwer schälen.

c) Schneiden Sie alle Zutaten (außer der Ananas) in Stücke, die in den Einfüllschacht Ihres Entsafters passen.

d) Legen Sie die Obst- und Gemüsestücke in Ihren Entsafter. Drücken Sie auf den Entsafter, bis frischer Saft zu fließen beginnt. Das Entsaften der Zutaten hängt von der Art des Entsafters ab, den Sie besitzen.

e) Wenn Sie genug Saft haben, um ein Glas zu füllen, können Sie Ihre tropische Saftmischung genießen.

16.   Süße und würzige Saftmischung

Portionsgröße: 1 Portion

Zutaten:

- 1 Tasse Spinat

- 1 Gurke

- 1 Limette

- 1 Stück Ingwer (frisch)

- 2 Selleriestangen (Blätter entfernen)

- 3 mittelgroße Äpfel

Richtungen:

a) Waschen Sie alle Früchte und Gemüse und tupfen Sie sie dann mit einem Papiertuch trocken.

b) Gurke, Limette, Ingwer und Äpfel schälen.

c) Schneiden Sie alle Zutaten in Stücke, die in den Einfüllschacht Ihres Entsafters passen.

d) Legen Sie die Obst- und Gemüsestücke in Ihren Entsafter. Drücken Sie auf den Entsafter, bis frischer Saft zu fließen beginnt. Das Entsaften der Zutaten

hängt von der Art des Entsafters ab, den Sie besitzen.

e) Wenn Sie genug Saft haben, um ein Glas zu füllen, genießen Sie diese Saftmischung, um Ihren Magen zu beruhigen und Ihnen ein besseres Gefühl zu geben.

17.   Orangen-Detox-SaftMischung

Portionsgröße: 2 Portionen

Zutaten

- 1 Orange

- 1 Süßkartoffel (ca. 5 cm lang, entweder gekocht oder ungekocht)

- 2 mittelgroße Äpfel

- 2 mittelgroße Birnen

- 3 Selleriestangen (Blätter entfernen)

Richtungen:

a) Wenn Sie die Süßkartoffel kochen möchten, tun Sie dies zuerst.

b) Waschen Sie alle Früchte und Gemüse und tupfen Sie sie dann mit einem Papiertuch trocken.

c) Orange, Süßkartoffel, Äpfel und Birnen schälen.

d) Schneiden Sie alle Zutaten in Stücke, die in den Einfüllschacht Ihres Entsafters passen.

e) Legen Sie die Obst- und Gemüsestücke in

Ihren Entsafter. Drücken Sie auf den Entsafter, bis frischer Saft zu fließen beginnt. Das Entsaften der Zutaten hängt von der Art des Entsafters ab, den Sie besitzen.

f) Wenn Sie genug Saft haben, um ein Glas zu füllen, genießen Sie diese süße und sättigende Saftmischung.

18. Erfrischende Saftmischung

Portionsgröße: 1 Portion

Zutaten

- $\frac{1}{2}$ Gurke

- $\frac{1}{2}$ Stück Ingwer (frisch)

- 1 Zitrone

- 1 Orange

- 3 Selleriestangen (Blätter entfernen)

- 3 mittelgroße Äpfel

- 4 Grünkohlblätter

Richtungen:

a) Waschen Sie alle Früchte und Gemüse und tupfen Sie sie dann mit einem Papiertuch trocken.

b) Gurke, Ingwer, Zitrone, Orange und Äpfel schälen.

c) Schneiden Sie alle Zutaten in Stücke, die in den Einfüllschacht Ihres Entsafters passen.

d) Legen Sie die Obst- und Gemüsestücke in Ihren Entsafter. Drücken Sie auf den Entsafter, bis frischer Saft zu fließen beginnt. Das Entsaften der Zutaten hängt von der Art des Entsafters ab, den Sie besitzen.

e) Wenn Sie genug Saft haben, um ein Glas zu füllen, genießen Sie diese erfrischend gesunde Saftmischung.

19.   Limonade Blitz Saftmischung

Portionsgröße: 1 Portion

Zutaten

- 1 Tasse Spinat

- ½ Limette

- 1 Zitrone

- 1 Stück Ingwer (frisch)

- 2 Selleriestangen (Blätter entfernen)

- 2 grüne Äpfel • 4 Grünkohlblätter

Richtungen:

a) Waschen Sie alle Früchte und Gemüse und tupfen Sie sie dann mit einem Papiertuch trocken.

b) Limette, Zitrone, Ingwer und Äpfel schälen.

c) Schneiden Sie alle Zutaten in Stücke, die in den Einfüllschacht Ihres Entsafters passen.

d) Legen Sie die Obst- und Gemüsestücke in

Ihren Entsafter. Drücken Sie auf den Entsafter, bis frischer Saft zu fließen beginnt. Das Entsaften der Zutaten hängt von der Art des Entsafters ab, den Sie besitzen.

e) Wenn Sie genug Saft haben, um ein Glas zu füllen, genießen Sie diese herbe, gewichtsreduzierende Version des klassischen Limonadengetränks.

20. Morning Glory Saftmischung

Portionsgröße: 1 Portion

Zutaten

- 1 Teelöffel Spirulina (getrocknet)

- 1 mittelgroße Rote Bete

- 2 mittelgroße Karotten

- 2 Orangen

Richtungen:

a) Waschen Sie alle Früchte und Gemüse und tupfen Sie sie dann mit einem Papiertuch trocken.

b) Rote Beete, Karotten und Orangen schälen.

c) Schneiden Sie alle Zutaten in Stücke, die in den Einfüllschacht Ihres Entsafters passen.

d) Legen Sie die Obst- und Gemüsestücke in Ihren Entsafter. Drücken Sie auf den Entsafter, bis frischer Saft zu fließen beginnt. Das Entsaften der Zutaten hängt von der Art des Entsafters ab, den Sie besitzen.

e) Wenn Sie genug Saft haben, um ein Glas zu füllen, fügen Sie die Spirulina hinzu, mischen Sie gut und genießen Sie!

21.   Red Hot Saftmischung

Portionsgröße: 1 Portion

Zutaten

- 2 Tassen Spinat

- $\frac{1}{2}$ Limette

- 1 Jalapeno

- 1 mittelgroße Rote Bete

- 1 Stück Ingwer (frisch)

- 2 Selleriestangen

- 5 große Karotten

Richtungen:

a) Waschen Sie alle Früchte und Gemüse und tupfen Sie sie dann mit einem Papiertuch trocken.

b) Limette, Rote Beete, Ingwer und Karotten schälen.

c) Wenn Sie die Schärfe reduzieren möchten, können Sie die Jalapeño vorher entkernen.

d) Schneiden Sie alle Zutaten (außer der Jalapeño) in Stücke, die in den Einfüllschacht Ihres Entsafters passen.

e) Legen Sie die Obst- und Gemüsestücke in Ihren Entsafter. Drücken Sie auf den Entsafter, bis frischer Saft zu fließen beginnt. Das Entsaften der Zutaten hängt von der Art des Entsafters ab, den Sie besitzen.

f) Wenn Sie genug Saft haben, um ein Glas zu füllen, genießen Sie diese einzigartige Saftmischung mit einem Kick.

22. Zitrus-Heidelbeer-Mischung

ERGIBT 1 TASSE

Zutaten

- 1 Tasse Blaubeeren
- 2 Orangen, geschält ● 1 rosa Grapefruit, geschält

Richtungen:

a) Verarbeiten Sie die Früchte durch den Einfüllstutzen eines elektronischen

Entsafters gemäß den Anweisungen des Herstellers in beliebiger Reihenfolge.

b) Nach der Zubereitung so schnell wie möglich trinken.

23. Wassermelonen-Orangensaft

ERGIBT 11/2 TASSEN

Zutaten

- 2 Tassen Wassermelonenstücke
- 1 große Orange, geschält

Richtungen:

a) Verarbeiten Sie die Früchte mit einem elektronischen Entsafter gemäß den Anweisungen des Herstellers.
b) Alleine oder auf Eis servieren.

24. Beeren-Rüben-Spezial

ERGIBT 1 TASSE

Zutaten

- 1 Tasse Blaubeeren
- 1/2 Tasse Erdbeeren
- 1/2 mittlere Rübe
- 1 großblättriger Regenbogen-Mangold
- 1/2 Tasse Quellwasser

Richtungen:

a) Verarbeite die Beeren mit einem elektronischen Entsafter gemäß den Anweisungen des Herstellers.

b) Rüben und Mangold dazugeben.

c) Den Saft mit dem Wasser verquirlen und genießen!

25.   Frecher Snack

ERGIBT 11/2 TASSEN 1 **Zutaten**

- Süßkartoffel, geschält
- 4 Stangen Sellerie, mit Blättern
- 1/2 Tasse Spinat
- 1 Zucchini ● 1 Gurke

Richtungen:

a) Schneiden Sie die Süßkartoffel in Stücke und verarbeiten Sie sie gemäß den Anweisungen des Herstellers durch einen elektronischen Entsafter.

b) Sellerie und Spinat dazugeben.

c) Schneiden Sie die Zucchini in Stücke und geben Sie sie in den Entsafter, gefolgt von der Gurke.

d) Den Saft gründlich verquirlen und nach Belieben auf Eis servieren.

26.   Gewichtsziel-Shake

ERGIBT 21/2 TASSEN (2 PORTIONEN)

Zutaten

- 1 mittelgroße Zuckerrübe, Spitzen optional
- 5 Karotten, geputzt
- 2 Stangen Sellerie, einschließlich Blätter
- 1 Gurke, in Stücke geschnitten
- 1 Grapefruit, geschält
- 1 Kiwi
- Pflaume, entkernt
- Birnen, entkernt • 2 Äpfel, entkernt

Richtungen:

a) Verarbeiten Sie die Rüben und Karotten durch einen elektronischen Entsafter gemäß den Anweisungen des Herstellers.

b) Sellerie und Gurke zugeben.

c) Grapefruit und Kiwi hinzufügen, gefolgt von der Pflaume.

d) Birnen und Äpfel zugeben.

e) Den Saft verquirlen oder schütteln, um die Zutaten zu kombinieren. Pur oder auf Eis servieren.

27. Apfel-Wassermelonen-Punsch

ERGIBT 11/2 TASSEN

Zutaten

- Äpfel, entkernt
- Tassen Wassermelone, in Stücke geschnitten

Richtungen:

a) Verarbeiten Sie die Äpfel durch einen elektronischen Entsafter gemäß den Anweisungen des Herstellers.
b) Fügen Sie die Wassermelone hinzu.
c) Den Saft verquirlen und sofort servieren.

28.   Süßer Shake

ERGIBT 1 TASSE

Zutaten

- 1 Banane, gefroren oder frisch
- 1 Apfel, entkernt
- 1 Teelöffel Kürbiskuchengewürz
- Bananen im Mixer

Richtungen:

a) Verwenden Sie einen Entsafter oder Mixer, um breiige Früchte wie Bananen und Avocados zu kombinieren.

b) Alle Zutaten in einen Mixer geben und zu einer glatten Masse pürieren.

c) Sofort servieren.

29.   Super Cocktail zum Abnehmen

ERGIBT 2 TASSEN (2 PORTIONEN)

Zutaten

- 2 Stangen Sellerie, einschließlich Blätter
- 1/2 Gurke
- 1/4 Kopf Grünkohl
- 2 Stangen Pak Choi
- 1/2 mittelgroßer Apfel, entkernt
- 1/2 Zitrone, geschält
- 1 (1/2 Zoll) Stück Ingwer
- 1/2 Tasse Petersilie
- 5 Grünkohl- oder Blattkohlblätter
- 1 Tasse Spinat

Richtungen:

a) Verarbeiten Sie den Sellerie und die Gurke mit einem elektronischen Entsafter gemäß den Anweisungen des Herstellers.

b) Den Kohl in Stücke schneiden und in den Entsafter geben, gefolgt von Pak Choi, Apfel und Zitrone.

c) Ingwer und Petersilie hinzufügen.

d) Fügen Sie den Grünkohl oder Kohl und den Spinat hinzu.

e) Alleine oder auf Eis servieren.

30.   Spüren Sie den Burn Fatburner

ERGIBT 21/2 TASSEN (2 PORTIONEN)

Zutaten

- 2 große Tomaten, geviertelt
- Stangen Sellerie
- oder 4 Radieschen, angebunden und getrimmt
- 1 süße rote Paprika, entkernt
- 1 gelbe Bananenpaprika oder 1 frische Jalapeño-Paprika, entkernt
- 3 Frühlingszwiebeln
- 1/2 Teelöffel Cayennepfeffer

- Großzügiger Schuss Tabasco-Sauce oder nach Geschmack

Richtungen:

a) Verarbeiten Sie die Tomaten und den Sellerie durch einen elektronischen Entsafter gemäß den Anweisungen des Herstellers.
b) Radieschen und Paprika zugeben.
c) Fügen Sie die Frühlingszwiebeln hinzu.
d) Fügen Sie den Cayennepfeffer und die scharfe Soße hinzu.
e) Den Saft verquirlen und genießen!

31.　　Cellulite-Buster

ERGIBT 1 TASSE

Zutaten

- 1 Apfel, entkernt
- Grapefruit, geschält
- Stangensellerie, mit Blättern
- 1/2 Gurke
- 2 Esslöffel frische Minzblätter

Richtungen:

a) Verarbeite den Apfel gemäß den Anweisungen des Herstellers durch einen elektronischen Entsafter.

b) Fügen Sie die Grapefruitstücke hinzu, gefolgt vom Sellerie.

c) Gurke und Minzblätter dazugeben.

d) Rühren oder schütteln Sie den Saft, um ihn zu mischen und zu genießen!

32. Grapefruit-BrunnenkresseGenuss

ERGIBT 11/2 TASSEN

Zutaten

- Grapefruits, geschält

- 1/2 Tasse Brunnenkresse ● oder 4 Zweige Petersilie

Richtungen:

a) Verarbeite die Grapefruits mit einem elektronischen Entsafter gemäß den Anweisungen des Herstellers.
b) Brunnenkresse und Petersilie dazugeben.
c) Den Saft pur oder auf Eis servieren.

33. Tropischer Saft zum Abnehmen

ERGIBT 11/2 TASSEN

Zutaten

- 2 Mangos, entkernt
- 1 Apfel, entkernt
- 1 Grapefruit, geschält ● 1 (1/2 Zoll) Stück Ingwer

Richtungen:

a) Verarbeiten Sie die Mangos durch einen elektronischen Entsafter gemäß den Anweisungen des Herstellers.

b) Fügen Sie den Apfel hinzu, gefolgt von den Grapefruitstücken und dem Ingwer.

c) Den Saft verquirlen oder schütteln, um die Zutaten zu kombinieren und zu servieren.

34.   Himbeer-Apfel-Saft

ERGIBT 11/2 TASSEN

Zutaten

- 2 Tassen Himbeeren
- 2 Äpfel, entkernt • 1 Limette, geschält

Richtungen:

a) Verarbeite die Beeren mit einem elektronischen Entsafter gemäß den Anweisungen des Herstellers.

b) Fügen Sie die Äpfel hinzu, gefolgt von der Limette.
c) Rühren oder schütteln Sie den Saft, um die Zutaten zu kombinieren, und servieren Sie ihn pur oder auf Eis.

35.   Jicama-Saft

ERGIBT 1 TASSE

Zutaten

- 1 ganze Jicama
- 2 Tassen Spinat
- 1/2 mittlere Rübe
- 1/2 Zitrone, geschält • 1 mittelgroße
  Orange, geschält

Richtungen:

a) Verarbeite die Jicama gemäß den
   Anweisungen des Herstellers durch einen
   elektronischen Entsafter.
b) Fügen Sie den Spinat hinzu.
c) Fügen Sie die Rote Bete hinzu, gefolgt von
   den Zitronen- und Orangensegmenten.
d) Den Saft verquirlen oder schütteln, um die
   Zutaten zu kombinieren, und auf Wunsch
   auf Eis servieren.

36. Orange Bonanza

ERGIBT 2 TASSEN

Zutaten

- 2 kleine Zuckerrüben, getrimmt und gezähnt
- 2 große Orangen, geschält
- 1/2 Zitrone, geschält
- große Karotte, getrimmt
- Tassen Spinat
- 2 Stangensellerie mit Blättern ● 1 (1-Zoll) Stück frischer Ingwer

Richtungen:

a) Verarbeiten Sie die Rüben durch einen elektronischen Entsafter gemäß den Anweisungen des Herstellers.

b) Fügen Sie die Orangenfilets hinzu, gefolgt von der Zitrone.

c) Die Karotte verarbeiten, dann den Spinat und den Sellerie hinzufügen. Fügen Sie den Ingwer hinzu.

d) Den Saft verquirlen, um die Zutaten zu kombinieren, sofort servieren.

37.   Minzige Auffrischung

ERGIBT 1 TASSE

Zutaten

- 1 Apfel, entkernt
- 5 Zweige Minze ● 1 Limette,
  geschält

Richtungen:

a) Verarbeiten Sie den Sellerie mit einem elektronischen Entsafter gemäß den Anweisungen des Herstellers.
b) Fügen Sie den Apfel hinzu, gefolgt von der Minze und der Limette.
c) Alleine oder auf Eis servieren.
d) Großzügige Prise scharfe Soße
e) Frische Kräuter zum Garnieren (optional)
f) Kombinieren Sie die Zutaten in der Arbeitsschüssel einer Küchenmaschine oder eines Mixers, bis sie glatt sind.
g) 1 Stunde oder länger kalt stellen und nach Belieben mit frischen Kräutern garnieren.

SAFT FÜR DAS IMMUNSYSTEM

38.   Zitrussäfte

Zutaten

- 3 Mandarinen oder 2 kleine Orangen – geschält
- 1 kleine Zitrone, Schale wegschneiden
- 1 kleine Limette, Schale wegschneiden
- 1 Zoll Ingwer geschält und in dünne Scheiben geschnitten
- 1/2 Teelöffel getrocknete Kurkuma oder 1/2-Zoll-Stück geschälte frische Kurkuma
- Prise echtes Meersalz
- Prise schwarzer Pfeffer
- Honig nach Geschmack (weglassen für Whole30)
- 1 1/2 Tassen Wasser

Richtungen

a) Schälen Sie die Mandarinen oder Orangen und schneiden Sie die Schale von der Zitrone und der Limette ab.
Wenn Sie einen Hochgeschwindigkeitsmixer wie einen Mixer verwenden, können alle Früchte ganz bleiben. Andernfalls möchten Sie es vielleicht in kleinere Stücke schneiden.

b) Den Ingwer schälen und in dünne Scheiben schneiden und die anderen Zutaten zusammenstellen.

c) Alle Zutaten in einen Mixer geben. Auf höchster Stufe mixen, bis alles glatt ist und keine Frucht- oder Ingwerstücke zurückbleiben.

d) Sofort servieren oder bis zum Genuss in den Kühlschrank stellen. Vor dem Ausgießen schütteln!

39. Tomatensaft

Zutaten

- 3 Pfund sehr reife Gartentomaten, entkernt, grob gehackt
- 1 1/4 Tassen gehackter Sellerie mit Blättern
- 1/3 Tasse gehackte Zwiebel
- 2 EL Zucker (nach Geschmack)
- 1 Teelöffel Salz
- Prise schwarzen Pfeffer
- Ein paar Shakes Tabasco-Sauce, etwa 6-8 Tropfen (nach Geschmack)

Richtungen:

a) Geben Sie alle Zutaten in einen großen, nicht reaktiven Topf (verwenden Sie Edelstahl, kein Aluminium). Zum Köcheln bringen und unbedeckt kochen, bis die Mischung vollständig suppig ist, etwa 25 Minuten.

b) Drücken Sie die Mischung durch ein Sieb, eine Chinoise oder eine Lebensmittelmühle. Kühlen Sie vollständig ab.

c) Abgedeckt und gekühlt lagern. Im Kühlschrank etwa 1 Woche haltbar.

40.   ABC-Saftmischung

Portionsgröße: 1 Portion

Zutaten

- 1 grüner Apfel
- 1 Zitrone
- 1 Stück Ingwer (frisch)
- 2 Rüben
- 3 Karotten

Richtungen:

a) Waschen Sie alle Früchte und Gemüse und tupfen Sie sie dann mit einem Papiertuch trocken.

b) Den grünen Apfel, die Zitrone, den Ingwer, die Rüben und die Karotten schälen.

c) Schneiden Sie alle Zutaten in Stücke, die in den Einfüllschacht Ihres Entsafters passen.

d) Legen Sie die Obst- und Gemüsestücke in Ihren Entsafter. Drücken Sie auf den Entsafter, bis frischer Saft zu fließen

beginnt. Das Entsaften der Zutaten hängt von der Art des Entsafters ab, den Sie besitzen.

e) Wenn Sie genug Saft haben, um ein Glas zu füllen, genießen Sie diese gesunde Saftmischung, die die Immunität fördert.

41. Sonnenschein-Saft-Mischung

Portionsgröße: 1 Portion

Zutaten

- 1 Stück Ingwer (frisch)

- 2 Orangen

- 4 Karotten

Richtungen:

a) Waschen Sie alle Früchte und Gemüse und tupfen Sie sie dann mit einem Papiertuch trocken.

b) Ingwer, Orangen und Karotten schälen.

c) Schneiden Sie alle Zutaten in Stücke, die in den Einfüllschacht Ihres Entsafters passen.

d) Legen Sie die Obst- und Gemüsestücke in Ihren Entsafter. Drücken Sie auf den Entsafter, bis frischer Saft zu fließen beginnt. Das Entsaften der Zutaten hängt von der Art des Entsafters ab, den Sie besitzen.

e) Wenn Sie genug Saft haben, um ein Glas zu füllen, genießen Sie diese frische, sonnige, immunstärkende Saftmischung.

ENTSAFT FÜR BESSERE VERDAUUNG

42.　　　Zitronensaft

Portionen: 6

Zutaten

- 3-4 große Zitronen, um 1 Tasse Zitronensaft zu erhalten
- 2 Liter Wasser
- $\frac{1}{4}$ Tasse Zucker Optional oder nach Geschmack
- 1 kleine Zitronenscheibe Garnierung (optional)

Richtungen:

a) Rollen Sie die Zitronen in kreisenden Bewegungen auf der Arbeitsplatte oder zwischen Ihren Handflächen. So lassen sie sich leicht entsaften.

b) Zutaten angezeigt.

c) Schneiden Sie jede Zitrone in 2 gleiche Teile und entsaften Sie sie.

d) geschnittene Zitronen werden entsaftet.

e) Gießen Sie den frisch gepressten Zitronensaft in einen Krug und fügen Sie dann 2 Liter kaltes Wasser hinzu.

f) Fügen Sie die in Scheiben geschnittenen Zitronen (optional) und Zucker hinzu, falls verwendet.

g) Saft und Zitronenscheiben in den Krug gegeben.

h) Gut umrühren und für mindestens 30 Minuten in den Kühlschrank stellen oder sofort auf Eis servieren.

i) Limonade in Tasse und Krug.

43.   Pflaumensaft

Portionen2

Zutaten

- 1 + 1/4 Tassen Wasser
- 5 Pflaumen
- 2 Teelöffel Zucker
- 1 Teelöffel Zitronensaft
- paar Eiswürfel

Richtungen:

a) Nimm getrocknete Pflaumen. Fügen Sie 1/4 Tasse Wasser hinzu.

b) Zugedeckt 15-20 Minuten beiseite stellen.

c) In einen Mixer eingeweichte Pflaumen, 1 Tasse Wasser und dann Zucker geben.

d) Mischen Sie es, bis es glatt ist.

e) Mit einem Löffel den Saft komplett auspressen. Zum Schluss Zitronensaft hinzugeben.

f) In das Servierglas einige Eiswürfel geben, dann den Saft gießen, mischen und sofort servieren.

44.   Antioxidative Saftmischung

Portionsgröße: 1 Portion

Zutaten

- 2 Teelöffel Apfelessig (am besten Bio mit der 'Mutter')
- $\frac{1}{2}$ Tasse Petersilie
- $\frac{1}{2}$ Rübe
- 1 mittelgroße Gurke
- 1 kleiner Apfel
- 1 kleine Zitrone
- 3 mittelgroße Karotten
- 4 Selleriestangen
- Ingwer (frisch, Sie können so viel hinzufügen, wie Sie möchten)

Richtungen:

a) Waschen Sie alle Früchte und Gemüse und tupfen Sie sie dann mit einem Papiertuch trocken.

b) Rüben, Gurke, Apfel, Zitrone und Karotten schälen.

c) Schneiden Sie alle Zutaten in Stücke, die in den Einfüllschacht Ihres Entsafters passen.

d) Legen Sie die Obst- und Gemüsestücke in Ihren Entsafter. Drücken Sie auf den Entsafter, bis frischer Saft zu fließen beginnt. Das Entsaften der Zutaten hängt von der Art des Entsafters ab, den Sie besitzen.

e) Wenn Sie genug Saft haben, um ein Glas zu füllen, rühren Sie den Apfelessig ein und genießen Sie!

45.   Go Green Juice-Mischung

Portionsgröße: 1 Portion

Zutaten

- 1 Gurke

- 1 grüner Apfel

- 1 Zitrone

- 5 Grünkohlblätter

Richtungen:

a) Waschen Sie alle Früchte und Gemüse und tupfen Sie sie dann mit einem Papiertuch trocken.

b) Gurke, Apfel und Zitrone schälen.

c) Schneiden Sie alle Zutaten in Stücke, die in den Einfüllschacht Ihres Entsafters passen.

d) Legen Sie die Obst- und Gemüsestücke in Ihren Entsafter. Drücken Sie auf den Entsafter, bis frischer Saft zu fließen beginnt. Das Entsaften der Zutaten

hängt von der Art des Entsafters ab, den Sie besitzen.

e) Wenn Sie genug Saft haben, um ein Glas zu füllen, genießen Sie diese frische Saftmischung, die Ihre Verdauung verbessert.

ENTSAFTEN ZUR HORMONALEN REGULIERUNG

46.   Kreuzblütler-Gemüse

Zutaten

- 2 Esslöffel Minzblätter
- 1 Tasse Spinat
- 3 Stangen Sellerie
- ½ Gurke
- 1 Tasse Grünkohl
- 1 Tasse Brokkoli (Stiele & Röschen)
- ½ roter Apfel
- 1 kleine Zitrone (3/4 der Schale entfernt)
- 1 daumengroßes Stück frischer Ingwer (geschält)

Richtungen:

a) Alle Zutaten waschen und klein schneiden.
b) Durch den Entsafter laufen lassen.

47.   Sauerkirschsaft

Portionsgröße: 1 Portion

Zutaten

- $\frac{1}{2}$ Tropfen ätherisches Basilikumöl

- 1 Tasse Grünkohlblätter (gehackt)

- 1 Tasse Ananas (gehackt)

- 1 Limette

- 2 Gurken

- 3 Selleriestangen

Richtungen:

a) Waschen Sie alle Früchte und Gemüse und tupfen Sie sie dann mit einem Papiertuch trocken.

b) Limette und Gurke schälen.

c) Schneiden Sie alle Zutaten in Stücke, die in den Einfüllschacht Ihres Entsafters passen.

d) Legen Sie die Obst- und Gemüsestücke in Ihren Entsafter. Drücken Sie auf den Entsafter, bis frischer Saft zu fließen

beginnt. Das Entsaften der Zutaten hängt von der Art des Entsafters ab, den Sie besitzen.

e) Wenn Sie genug Saft haben, um ein Glas zu füllen, fügen Sie das ätherische Basilikumöl hinzu, um es zu schmecken (und um Nährstoffe hinzuzufügen), und genießen Sie es.

48.   Orangefarbene Saftmischung

Portionsgröße: 1 Portion

Zutaten:

- 2 Tassen Gemüse wie Grünkohl und Spinat
- 1 Rübe
- 1 Orange
- 1 kleiner Apfel
- 3 Karotten

Richtungen:

a) Waschen Sie alle Früchte und Gemüse und tupfen Sie sie dann mit einem Papiertuch trocken.

b) Rüben, Orangen, Äpfel und Karotten schälen.

c) Schneiden Sie alle Zutaten in Stücke, die in den Einfüllschacht Ihres Entsafters passen.

d) Legen Sie die Obst- und Gemüsestücke in Ihren Entsafter. Drücken Sie auf den Entsafter, bis frischer Saft zu fließen

beginnt. Das Entsaften der Zutaten hängt von der Art des Entsafters ab, den Sie besitzen.

e) Wenn Sie genug Saft haben, um ein Glas zu füllen, genießen Sie diese Saftmischung sofort, um die besten Ergebnisse zu erzielen.

ENTSAFTEN ZUR ENTGIFTUNG

49.   Apfelsaft

Zutaten:

- 18 Äpfel
- Zimt (optional)
- Zucker (optional)

Richtungen:

a) Beginnen Sie damit, den Apfel zu waschen und dann zu entkernen, um die Kerne zu entfernen. Die Äpfel in Scheiben schneiden. Die Äpfel müssen nicht geschält werden.

b) Die Äpfel in den Topf geben und so viel Wasser hinzufügen, dass sie gerade bedeckt sind. Zu viel Wasser und Sie haben ziemlich verdünnten Saft. Dieser Saft kann etwas stark herauskommen, aber es ist viel einfacher, den Saft mit zusätzlichem Wasser zu verdünnen, anstatt zu versuchen, den Geschmack stärker zu machen.

c) Kochen Sie die Äpfel langsam für etwa 20-25 Minuten oder bis die Äpfel ziemlich weich sind. Legen Sie einen Kaffeefilter oder ein Stück Seihtuch in Ihr feinmaschiges Sieb und legen Sie es über eine Schüssel.

d) Die heiße Saft-Apfel-Mischung langsam in ein feinmaschiges Sieb schöpfen und die Äpfel vorsichtig zerdrücken. Der Saft wird durch den Boden in Ihre Schüssel gefiltert, während das Apfelmus zurückbleibt. Den Brei für später in eine separate Schüssel geben. Wiederholen Sie diesen Vorgang, bis sich Ihr gesamter Saft in der Schüssel befindet.

e) Probieren Sie den Saft, nachdem er etwas abgekühlt ist. Sie können je nach Vorliebe zusätzlichen Zucker oder Zimt hinzufügen. Wenn der Geschmack zu stark ist, können Sie wiederum ein wenig Wasser hinzufügen, um den Geschmack abzuschwächen.

f) Das gesammelte Apfelmus kann leicht in Apfelmus verwandelt werden, indem es püriert und nach Belieben mit etwas Zucker und Zimt versetzt wird.

g) Denken Sie daran, dass Ihr hausgemachter Apfelsaft kein Beerensaft ist

50. Entgiftende Saftmischung

Portionsgröße: 4 Portionen

Zutaten:

- ½ Zitrone
- 1 Stück Ingwer (frisch)
- 2 mittelgroße Äpfel
- 3 mittelgroße Rüben
- 6 Karotten

Richtungen:

a) Waschen Sie alle Früchte und Gemüse und tupfen Sie sie dann mit einem Papiertuch trocken.

b) Zitrone, Ingwer, Äpfel, Rüben und Karotten schälen.

c) Schneiden Sie alle Zutaten in Stücke, die in den Einfüllschacht Ihres Entsafters passen.

d) Legen Sie die Obst- und Gemüsestücke in Ihren Entsafter. Drücken Sie auf den Entsafter, bis frischer Saft zu fließen

beginnt. Das Entsaften der Zutaten hängt von der Art des Entsafters ab, den Sie besitzen.

e) Wenn Sie genug Saft haben, um ein Glas zu füllen, genießen Sie diese Saftmischung und bewahren Sie den Rest bis zu einer Woche in Ihrem Kühlschrank auf.

51. Mischung aus Ingwer und pflanzlichem Zingersaft

Portionsgröße: 1 Portion **Zutaten:**

- $\frac{1}{2}$ Tasse Petersilie

- 2 Tassen Spinat

- $\frac{1}{2}$ Gurke

- $\frac{1}{2}$ Zitrone

- 1 grüner Apfel

- 2 Selleriestangen ● 2 Stück Ingwer

  (frisch)

Richtungen:

a) Waschen Sie alle Früchte und Gemüse und tupfen Sie sie dann mit einem Papiertuch trocken.

b) Gurke, Zitrone, Apfel und Ingwer schälen.

c) Schneiden Sie alle Zutaten in Stücke, die in den Einfüllschacht Ihres Entsafters passen.

d) Legen Sie die Obst- und Gemüsestücke in Ihren Entsafter. Drücken Sie auf den Entsafter, bis frischer Saft zu fließen beginnt. Das Entsaften der Zutaten hängt von der Art des Entsafters ab, den Sie besitzen.

e) Wenn Sie genug Saft haben, um ein Glas zu füllen, genießen Sie diese Saftmischung gekühlt, um die besten Ergebnisse zu erzielen.

52. Das Detox-Special

ich

ERGIBT 1 TASSE

Zutaten:

- 3 mittelgroße Zuckerrüben, einschließlich Grün, getrimmt
- 1 mittelgroße Karotte, getrimmt ● 1/2 Pfund schwarze kernlose Trauben

Richtungen:

a) Rüben und Gemüse in Stücke schneiden.

b) Verarbeiten Sie die Rüben, das Gemüse und die Karotten mit Ihrem elektronischen Entsafter gemäß den Anweisungen des Herstellers.

c) Fügen Sie die Trauben hinzu.

d) Den Saft verquirlen, um die Zutaten vollständig zu kombinieren. Sofort trinken.

53.   Borschtsch im Glas

ERGIBT 1 TASSE

Zutaten:

- 2 kleine Zuckerrüben, einschließlich Gemüse
- 1 mittelgroßer Apfel, entkernt
- 1 mittelgroße Orange, geschält und segmentiert
- 3 Frühlingszwiebeln, einschließlich Tops
- große Gurke
- 2 Esslöffel frische Minzblätter **Richtungen:**

a) Verarbeiten Sie die Rüben und das Gemüse mit Ihrem elektronischen Entsafter gemäß den Anweisungen des Herstellers.
b) Fügen Sie den Apfel hinzu, gefolgt von den Orangenfilets.
c) Zwiebeln und Gurke zugeben.
d) Die Minzblätter hinzufügen.
e) Mischen Sie den Saft gründlich, um ihn zu kombinieren, und servieren Sie ihn auf Eis.

54. Glamouröse Grüne

ERGIBT 2 TASSEN

Zutaten:

- 1/2 Bund Spinat, etwa 2 Tassen
- 1 Tasse Brunnenkresse
- 1 Tasse Rucola
- mittelgroßer Apfel, entkernt
- 1/2 Zitrone, geschält

- Stangensellerie, mit Blättern ● 1/2-

Zoll-Scheibe frischer Ingwer **Richtungen:**

a) Verarbeite den Apfel gemäß den Anweisungen des Herstellers durch einen elektronischen Entsafter.

b) Zitronen- und Selleriestangen hinzugeben.

c) Fügen Sie das Gemüse und den Ingwer in beliebiger Reihenfolge hinzu.

d) Den Saft verquirlen und gut gekühlt oder auf Eis servieren.

55.   Granatapfel-Power

ERGIBT 1 TASSE

Zutaten:

- 4 Granatäpfel, geschält
- 1/2 Zitrone, geschält 2 Esslöffel roher Honig **Richtungen:**

a) Verarbeiten Sie die geschälten Granatäpfel mit einem elektronischen Entsafter gemäß den Anweisungen des Herstellers.
b) Fügen Sie die Zitrone hinzu.
c) Fügen Sie den Honig dem resultierenden Saft hinzu.
d) Den Saft verquirlen, bis sich der Honig vollständig aufgelöst hat und genießen!

56.   Stärkende Körperreinigung

ZUTATEN | ERGIBT 1 TASSE **Zutaten:**

- 1 Tasse Brokkoliröschen
- 3 mittelgroße Karotten, getrimmt
- 1 mittelgroßer Apfel, wie Granny Smith, entkernt
- 1 Selleriestange, einschließlich Blätter
  - 1/2 Tasse Blattspinat

Richtungen:

a) Verarbeiten Sie den Brokkoli, die Karotten und den Apfel mit einem elektronischen Entsafter gemäß den Anweisungen des Herstellers.

b) Selleriestange und Blattspinat dazugeben.

c) Mischen Sie den Saft gründlich und trinken Sie ihn so bald wie möglich nach der Zubereitung, um eine maximale Wirkung zu erzielen.

57.   Ironman

ERGIBT 3 TASSEN (2 PORTIONEN)

Zutaten:

- 4 große Orangen, geschält
- 4 mittelgroße Zitronen, geschält
- 1/4 Tasse roher Honig oder nach Geschmack
- 4 Tassen rote, schwarze oder grüne kernlose Trauben

Richtungen:

a) Verarbeiten Sie die Orangen und Zitronen in einem elektronischen Entsafter gemäß den Anweisungen des Herstellers.

b) Fügen Sie den Honig hinzu, gefolgt von den Trauben.

c) Den Saft verquirlen, um ihn vollständig zu kombinieren und zu genießen! Wenn Sie es vorziehen, fügen Sie kaltes Wasser hinzu, um den Saft leicht zu verdünnen und die Intensität des Geschmacks zu verringern.

58.   Ganzkörperentgiftung

ERGIBT 1 TASSE

Zutaten:

- 1 große Tomate
- 2 Stangen Spargel
- 1 mittelgroße Gurke ● 1/2 Zitrone, geschält

Richtungen:

a) Verarbeiten Sie die Tomate und den Spargel mit Ihrem elektronischen Entsafter gemäß den Anweisungen des Herstellers.

b) Gurke und Zitrone hinzufügen.

c) Mischen Sie den Saft, um ihn zu kombinieren, und servieren Sie ihn gekühlt oder auf Eis.

59.   Karottenreinigung

- 1/2 Pfund Karotten, getrimmt
- 1 großer Apfel, entkernt ● 1
  Zitrone, geschält und entkernt

Richtungen:

ERGIBT 1 TASSE

Zutaten:

a) Verarbeiten Sie die Karotten eine nach
   der anderen durch Ihren elektronischen
   Entsafter gemäß den Anweisungen des
   Herstellers.

b) Den Apfel in Stücke schneiden und
   dazugeben.

c) Fügen Sie die Zitrone hinzu.

d) Den Saft verquirlen und sofort
   genießen.

60.   Artischocken-KorianderCocktail

ERGIBT 1 TASSE

Zutaten:

- 4 Topinambur
- 1 Bund frischer Koriander, etwa 1 Tasse
- 4 große Radieschen, angebunden und getrimmt
- 3 mittelgroße Karotten, getrimmt

Richtungen:

a) Verarbeiten Sie die Topinambur einzeln mit Ihrem elektronischen Entsafter gemäß den Anweisungen des Herstellers.

b) Rollen Sie den Koriander zu einer Kugel, um ihn zu komprimieren und hinzuzufügen.

c) Radieschen und Möhren dazugeben.

d) Mischen Sie den Saft gründlich, um ihn zu kombinieren, und servieren Sie ihn nach Belieben auf Eis.

61.   C-Wasser-Entgiftung

ERGIBT 11/2 TASSEN

Zutaten:

- 3 Kiwis
- 2 rosa Grapefruits, geschält und
  entkernt ● 4 Unzen Wasser

Richtungen:

a) Verarbeiten Sie die Kiwi und die
   Grapefruit mit Ihrem elektronischen
   Entsafter gemäß den Anweisungen des
   Herstellers.
b) Fügen Sie das Wasser hinzu und
   mischen Sie gründlich.
c) Nach der Zubereitung so bald wie
   möglich trinken, da frisches Vitamin C
   schnell verdirbt.

62.   Papaya-Erdbeer-Reinigung

ERGIBT 11/4 TASSEN

Zutaten:

- 2 Papayas
- 1 Tasse Erdbeeren, Schale intakt

Richtungen:

a) Verarbeiten Sie die Papayas und Erdbeeren mit Ihrem elektronischen Entsafter gemäß den Anweisungen des Herstellers.
b) Zusammen rühren und genießen!

63.   Apfel-Gurken-Cocktail

ERGIBT 1 TASSE **Zutaten:**

- 1 mittelgroße Gurke
- 1 mittelgroßer Apfel, entkernt
- Wasser für 1 Tasse Saft

Richtungen:

a) Verarbeite die Gurke und den Apfel gemäß den Anweisungen des Herstellers mit deinem elektronischen Entsafter.

b) Fügen Sie das Wasser hinzu, um 1 Tasse zu machen, und mischen Sie gründlich. Trinken und genießen!

64.   Avocado Smoothie

ERGIBT 11/2 TASSEN

Zutaten:

- 2 Blätter Grünkohl oder Mangold, gehackt
- 1/2 Tasse Mangostücke
- 1/4 Avocado
- 1/2 Tasse Kokoswasser
- 1/2 Tasse Eis

Richtungen:

a) Verarbeiten Sie den Grünkohl oder Mangold und die Mangostücke durch einen elektronischen Entsafter gemäß den Anweisungen des Herstellers.

b) Übertragen Sie die Mischung in einen Mixer und fügen Sie Avocado, Kokosnusswasser und Eis hinzu.

c) Mischen, bis es glatt ist.

65.   Minziger Melonenreiniger

ERGIBT 11/2 TASSEN

Zutaten:

- 1/2 Honigmelone, geschält und entkernt
- 1/4 Tasse frische Minzblätter
- 1/4 Tasse Petersilie
- 1 Tasse Blaubeeren

Richtungen:

a) Schneiden Sie die Melone in Stücke und verarbeiten Sie sie gemäß den Anweisungen des Herstellers durch einen elektronischen Entsafter.
b) Rollen Sie die Minze und die Petersilie zu Kugeln, um sie zu komprimieren und in den Entsafter zu geben.
c) Blaubeeren hinzufügen.
d) Den Saft verquirlen, um die Zutaten zu kombinieren und zu genießen!

66.   Cranapple-Magie

ERGIBT 11/2 TASSEN

Zutaten:

- 3/4 Tasse Preiselbeeren
- 3 mittelgroße Karotten, getrimmt
- 2 Äpfel, entkernt

Richtungen:

a) Verarbeiten Sie die Preiselbeeren durch einen elektronischen Entsafter gemäß den Anweisungen des Herstellers.
b) Karotten und Äpfel zugeben.
c) Den Saft gründlich mischen und servieren.

67.   Kohlkohl reinigen

ERGIBT 11/2 TASSEN **Zutaten:**

- 1 Tasse Brokkoliröschen
- 1 kleiner Kopf Rotkohl
- 3 große Blätter Grünkohl oder Mangold

Richtungen:

a) Verarbeite den Brokkoli gemäß den Anweisungen des Herstellers durch einen elektronischen Entsafter.
b) Den Kohl in Stücke schneiden und in den Entsafter geben.
c) Fügen Sie den Grünkohl oder Mangold hinzu.
d) Mischen Sie den Saft gründlich und servieren Sie ihn pur oder auf Eis.

68.   Yamtastic

ERGIBT 11/2 TASSEN

Zutaten:

- 3 Orangen, geschält
- 2 Anjou-Birnen, entkernt ● 1
  große Yamswurzel, geschält

Richtungen:

a) Verarbeiten Sie die Orangenstücke durch
   einen elektronischen Entsafter gemäß den
   Anweisungen des Herstellers.
b) Fügen Sie die Birnen hinzu.
c) Die Yamswurzel in Stücke schneiden und
   in den Entsafter geben. Auf Eis servieren.

69.   Der Tiegel

ERGIBT 11/2 TASSEN

Zutaten:

- 1 Strunk Brokkoli
- 1/4 Kopfkohl
- 1/4 Kopf Blumenkohl
- Kohlblätter
- 1/2 Zitrone, geschält
- 2 Äpfel, entkernt

Richtungen:

a) Verarbeiten Sie die Brokkoli-Segmente durch einen elektronischen Entsafter gemäß den Anweisungen des Herstellers.

b) Fügen Sie den Kohl hinzu, gefolgt vom Blumenkohl.

c) Fügen Sie den Grünkohl hinzu, gefolgt von der Zitrone und den Äpfeln.

d) Den Saft verquirlen und auf Eis servieren.

70.   Zimt Cider

- 2 Äpfel, entkernt
- 8 Stangen Sellerie
- Prise Zimt

Richtungen:

a) Verarbeiten Sie die Äpfel durch einen elektronischen Entsafter gemäß den Anweisungen des Herstellers.

ERGIBT 11/2 TASSEN

Zutaten:

b) Fügen Sie den Sellerie hinzu. Fügen Sie den Zimt dem resultierenden Saft hinzu.

c) Den Saft verquirlen und sofort servieren.

71.   Wurzelgemüse-Reinigung

ERGIBT 11/2 TASSEN

Zutaten:

- 1/2 mittelgroße Rote Beete, angebunden und getrimmt
- 3 mittelgroße Karotten, getrimmt
- 2 Äpfel, entkernt
- 1 mittelgroße Süßkartoffel, in Stücke geschnitten
- 1/4 süße spanische oder Vidalia-Zwiebel, geschält

Richtungen:

a) Verarbeiten Sie die Rüben und Karotten durch einen elektronischen Entsafter gemäß den Anweisungen des Herstellers.
b) Fügen Sie die Äpfel und die Süßkartoffel hinzu, gefolgt von der Zwiebel.

c) Mischen Sie den Saft gründlich, um die Zutaten zu kombinieren, und servieren Sie ihn sofort.

72.   Mango-Tee

ERGIBT 2 TASSEN

Zutaten:

- 1/2 Mango, geschält und entkernt
- 1 Tasse heißes Wasser
- 1 Beutel Kräutertee

Richtungen:

a) Verarbeite die Mango mit einem elektronischen Entsafter gemäß den Anweisungen des Herstellers.

b) Wasser über den Teebeutel gießen und 2 Minuten ziehen lassen.

c) Fügen Sie 1/4 Tasse Mangosaft zum Tee hinzu und rühren Sie um.

73.   Trinken Sie Ihr Grün

2 Tassen Baby-Spinatblätter

- 6 Sellerie
- 2 große Gurken
- 1/2 Zitrone
- 2 mittelgroße Äpfel
- 1-2 Zoll Ingwer
- 1/4 - 1/2 Tasse Petersilienblätter

Richtungen

a) Produkte waschen, zubereiten und klein schneiden.
b) Geben Sie die Produkte einzeln in den Entsafter.
c) Kalt auf Eis servieren. Kann in dicht verschlossenen Gläsern oder Gläsern im Kühlschrank 7-10 Tage aufbewahrt werden. Vor dem Trinken gut schütteln oder umrühren.

Zutaten:

●

74.   Der Entgifter

2-3 Rüben
- 6 Karotten
- 2 mittelgroße Äpfel
- 1/2 Zitrone
- 1-2 Zoll Ingwer

Richtungen

a) Produkte waschen, zubereiten und klein schneiden.
b) Geben Sie die Produkte einzeln in den Entsafter.
c) Kalt auf Eis servieren. Kann in dicht verschlossenen Gläsern oder Gläsern im Kühlschrank 7-10 Tage aufbewahrt werden. Vor dem Trinken gut schütteln oder umrühren.

Zutaten:

●

75.　　　Die Vision

8 große Karotten
- 2-3 Navel-Orangen
- 1-2 Zoll Ingwer
- 1-Zoll-Kurkuma (optional)

Richtungen

a) Produkte waschen, zubereiten und klein schneiden.
b) Geben Sie die Produkte einzeln in den Entsafter.
c) Kalt auf Eis servieren. Kann in dicht verschlossenen Gläsern oder Gläsern im Kühlschrank 7-10 Tage aufbewahrt werden. Vor dem Trinken gut schütteln oder umrühren.

Zutaten:

●

76.   Süße Karotte

10 große Karotten
● 2 mittelgroße Äpfel
● 1/4 Tasse Petersilie (optional)

Richtungen

a) Produkte waschen, zubereiten und klein
   schneiden.
b) Geben Sie die Produkte einzeln in den
   Entsafter.
c) Kalt auf Eis servieren. Kann in dicht
   verschlossenen Gläsern oder Gläsern im
   Kühlschrank 7-10 Tage aufbewahrt werden.
   Vor dem Trinken gut schütteln oder umrühren.

ENTSAFTEN ZUR VERLANGSAMUNG DER ALTERUNG

77.   Roter Traubensaft

Portionen: 6 Portionen

Zutaten

- 1-2 Pfund. Rote Trauben
- 2 Tassen Wasser
- $\frac{1}{4}$ Tasse Zucker

Richtungen:

a) Blender mit Trauben füllen.

b) Wasser und Zucker zugeben.

c) Fruchtfleisch nach Belieben abseihen.

d) Gekühlt servieren.

78.   Gurkensaft

Zutaten

- 6 Tassen Wasser
- 2 englische Gurken
- 1 Zitronensaft und -schale
- 2 Esslöffel frische Minze

Richtungen:

a) Die Enden der Gurken abschneiden und schälen. In ein paar größere Stücke schneiden.

b) Gurken, Wasser, Zitronenschale, Zitronensaft und Minze in eine Küchenmaschine oder in einen Mixer geben. Mischen Sie die Zutaten 2-3 Minuten lang, bis sie glatt sind.

c) Stellen Sie ein Sieb über eine größere Schüssel und gießen Sie den Gurkensaft in das Sieb. Bewegen Sie den Saft mit einem Spatel durch das Sieb, bis kein Saft mehr austritt. Entsorgen Sie die Feststoffe.

d) Genießen Sie den Gurkensaft sofort oder bewahren Sie ihn bis zu 24 Stunden im Kühlschrank auf.

79. Junge und frische Saftmischung

Portionsgröße: 1 Portion

Zutaten
- 2 Tassen Äpfel

- 2 Tassen

Blaubeeren

Richtungen:

a) Waschen Sie alle Früchte und tupfen Sie sie dann mit einem Papiertuch trocken.

b) Schälen Sie den Apfel und schneiden Sie ihn in Stücke, die in den Einfüllschacht Ihres Entsafters passen.

c) Legen Sie die Früchte in Ihren Entsafter. Drücken Sie auf den Entsafter, bis frischer Saft zu fließen beginnt. Das Entsaften der Zutaten hängt von der Art des Entsafters ab, den Sie besitzen.

d) Wenn Sie genug Saft haben, um ein Glas zu füllen, genießen Sie diese Anti-AgingSaftmischung.

80.   Jugendlich rosa Saftmischung

Portionsgröße: 1 Portion

Zutaten

- ½ Tasse Erdbeeren

- 1 Tasse Blaubeeren

- 1 ½ Tassen Wasser

- 1 großes Grünkohlblatt

- 1 kleine Rübe

Richtungen:

  a) Waschen Sie alle Früchte und Gemüse
     und tupfen Sie sie dann mit einem
     Papiertuch trocken.

  b) Die Rote Bete schälen und den Strunk
     des Grünkohlblattes entfernen.

c) Schneiden Sie alle Zutaten in Stücke, die in den Einfüllschacht Ihres Entsafters passen.

d) Legen Sie die Obst- und Gemüsestücke in Ihren Entsafter. Drücken Sie auf den Entsafter, bis frischer Saft zu fließen beginnt. Das Entsaften der Zutaten hängt von der Art des Entsafters ab, den Sie besitzen.

e) Wenn Sie genug Saft haben, um ein Glas zu füllen, genießen Sie diese jugendliche Saftmischung, die großartig aussieht und noch besser schmeckt.

SAFT FÜR GESUNDEN KÖRPER

81. Blaubeer-Explosion

- 1 Tasse Blaubeeren
- 2 große Karotten, getrimmt • 1/2

  Tasse frische Ananasstücke

Richtungen:

a) Befolgen Sie die Anweisungen des Herstellers und verarbeiten Sie die Blaubeeren, Karotten und Ananas in beliebiger Reihenfolge.

b) Rühren oder schütteln Sie den Saft, um ihn vollständig zu vermischen, und fügen Sie nach Bedarf Eis hinzu.

c) Nach dem Mixen so schnell wie möglich trinken.

ERGIBT 1 1/2 TASSEN

Zutaten
82.   **Orangenerdbeersaft**

- 1 große Orange, geschält
- 1 Tasse Erdbeeren
- 1 Banane, geschält

Richtungen:

a) Verarbeiten Sie die Orange und die Erdbeeren mit einem elektronischen Entsafter gemäß den Anweisungen des Herstellers.

b) Fügen Sie die Banane hinzu und geben Sie sie in einen Mixer, bis die Mischung glatt ist. Sofort servieren.

ERGIBT 11/2 TASSEN

Zutaten

    83.   Orangen-Bananensaft

- 1 kleine Süßkartoffel, geschält
- 1 große Karotte, getrimmt
- 2 reife Birnen, entkernt ● 3 mittelgroße

  Orangen, geschält **Richtungen:**

a) Verarbeiten Sie die Karotte und die Süßkartoffel gemäß den Anweisungen des Herstellers in Ihrem Entsafter.

b) Birnen und Orangenfilets dazugeben und verarbeiten.

c) Mischen Sie den Saft vor dem Servieren gründlich durch.

ERGIBT 11/2 TASSEN

Zutaten
  84.   **Würzige Gurke**

ERGIBT 1 TASSE

Zutaten

- 1 Gurke
- 1 Knoblauchzehe, geschält
- 2 Frühlingszwiebeln, getrimmt
- 1/2 Jalapeño-Pfeffer
- 2 kleine Key Limes oder mexikanische Limetten **Richtungen:**

a) Verarbeiten Sie die Zutaten in beliebiger Reihenfolge durch einen elektronischen Entsafter gemäß den Anweisungen des Herstellers.
b) Umrühren, um den Saft zu mischen, und auf Eis servieren.

85.   Bohnenmaschine

ERGIBT 1 TASSE

Zutaten

- 2 Tassen frische grüne Bohnen
- 5 große Blätter Römersalat
- 1 Gurke
- 1 Zitrone in Viertel geschnitten, geschält

Richtungen:

a) Verarbeiten Sie die Bohnen mit Ihrem elektronischen Entsafter gemäß den Anweisungen des Herstellers.

b) Den Salat hinzufügen, gefolgt von der Gurke und der Zitrone.

c) Mischen Sie den Saft gründlich, um die Zutaten zu kombinieren, und servieren Sie ihn pur oder auf Eis.

86.   Kraftschlag

ERGEBNISSE 1

Zutaten

- 1 mittlere Yamswurzel, geschält
- 4 mittelgroße Orangen, geschält
- 2 mittelgroße Karotten, getrimmt
- 1/2 Tasse frische Petersilie
- 1/2 frische Ananas, geschält und in Stücke geschnitten

Richtungen:

a) Schneide die Yamswurzel nach Bedarf in Stücke. Durch Ihren elektronischen Entsafter gemäß den Anweisungen des Herstellers verarbeiten.

b) Fügen Sie die orangefarbenen Segmente hinzu, ein paar auf einmal.

c) Möhren und Ananasstücke dazugeben.

d) Mischen Sie den resultierenden Saft vor dem Servieren gründlich.

87.   Gemüse-Supersaft

ERGIBT 11/2 TASSEN

Zutaten

- 1 ganze Gurke
- 6 Blätter Römersalat
- 4 Stangen Sellerie, einschließlich Blätter
  - 2 Tassen frischer Spinat

Richtungen:

a) Schneiden Sie die Gurke in Stücke und
   verarbeiten Sie sie gemäß den
   Anweisungen des Herstellers durch Ihren
   Entsafter.

b) Die Salatblätter um die Selleriestangen
   wickeln und in die Ernährungssonde
   geben.
c) Fügen Sie Spinat, Sprossen und Petersilie
   in beliebiger Reihenfolge hinzu.
d) Mischen Sie den Saft vor dem Servieren
   gründlich durch.

88.   **Der Rübenmeister**

ERGIBT 1 TASSE

Zutaten

- 2 mittelgroße Rüben
- 2 Äpfel, entkernt
- 1 mittelgroße Orange, geschält ● 2 Stangen Sellerie, mit Blättern

Richtungen:

a) Die Rüben putzen und putzen. In Stücke schneiden.

b) Rübenstücke durch das Einfüllrohr eines elektronischen Entsafters gemäß den Anweisungen des Herstellers verarbeiten.

c) Die Äpfel in Stücke schneiden und zusammen mit der Orange und dem Sellerie in den Entsafter geben.

d) Mischen Sie den Saft gründlich und servieren Sie ihn auf Eis.

89.   Heidelbeerapfel

ERGIBT 1 TASSE

Zutaten

- 2 Tassen frische oder gefrorene Blaubeeren
- 1 Apfel, entkernt
- 1 Zitronen- oder Limettenspalte, geschält

Richtungen:

a) Verarbeiten Sie die Beeren mit Ihrem elektronischen Entsafter gemäß den Anweisungen des Herstellers.
b) Fügen Sie den Apfel hinzu, gefolgt von der Zitrone oder Limette.
c) Rühren oder schütteln Sie den Saft gründlich, um die Zutaten zu kombinieren und zu servieren.

90.   Der Energizer

ERGIBT 2 TASSEN

Zutaten

- 2 Äpfel, entkernt
- 1/2 Gurke
- 1/4 Knolle Fenchel
- 2 Stangen Sellerie, einschließlich Blätter
- 1/2 Zitrone, geschält
- 1 Stück Ingwer, etwa 1/4 Zoll
- 1/2 Tasse Grünkohl
- 1/2 Tasse Spinat
- 6 Blätter Römersalat

Richtungen:

a) Fügen Sie den Sellerie hinzu, gefolgt von der Zitrone und dem Ingwer.

b) Das restliche Grün leicht in Stücke reißen und verarbeiten.

c) Mischen Sie den Saft vor dem Servieren gründlich durch. Auf Wunsch auf Eis servieren.

91.   Salat spielen

ERGIBT 11/2 TASSEN

Zutaten

- 1/2 Kopf Römersalat
- 1/2 Kopf roter Blattsalat ● 2
  Stangen Sellerie, mit Blättern

Richtungen:

a) Salate und Sellerie mit einem
   elektronischen Entsafter gemäß den
   Anweisungen des Herstellers verarbeiten.
b) Den Saft pur oder auf Eis servieren.

92.   Beste aus beiden Welten

ERGIBT 11/2 TASSEN

Zutaten

- 4–6 mittelgroße Karotten, getrimmt
- 1 mittelgroße Süßkartoffel, geschält
- 1 rote Paprika, entkernt
- 2 Kiwis
- 1-Zoll-Stück Ingwer
- 1/2 Zitrone, geschält ● 2 Stangen Sellerie, mit Blättern

Richtungen:

a) Verarbeiten Sie die Karotten mit einem elektronischen Entsafter gemäß den Anweisungen des Herstellers.

b) Fügen Sie die Süßkartoffel hinzu, gefolgt von der Paprika.

c) Kiwis und Ingwer hinzugeben.

d) Fügen Sie die Zitrone und den Sellerie hinzu.

e) Den Saft gründlich verquirlen oder schütteln, um ihn zu kombinieren und alleine oder auf Eis zu servieren.

93.   Einfacher Gefallen

ERGIBT 1 TASSE

Zutaten

- 4 große Karotten, getrimmt
- 1 Orange, geschält

Richtungen:

a) Verarbeiten Sie die Karotten mit einem elektronischen Entsafter gemäß den Anweisungen des Herstellers.

b) Fügen Sie die orangefarbenen Segmente hinzu.

c) Den Saft verquirlen oder schütteln und servieren.

94.   Rot, Weiß und Schwarz

ERGIBT 11/2 TASSEN

Zutaten

- 1 Tasse rote Trauben
- 1 Tasse weiße Trauben ● 1/2 Tasse

  schwarze Johannisbeeren **Richtungen:**

a) Verarbeiten Sie die Trauben durch einen
   elektronischen Entsafter gemäß den
   Anweisungen des Herstellers.
b) Fügen Sie die Johannisbeeren hinzu.
c) Den Saft pur oder auf Eis servieren.

95.　　　Ananas-Sellerie-Cocktail

ERGIBT 1 TASSE

Zutaten

- 3 (1-Zoll) Scheiben frische Ananas, geschält
- 3 Stangen Sellerie, mit Blättern

Richtungen:

a) Verarbeiten Sie die Ananasstücke und den Sellerie mit Ihrem Entsafter.
b) Den Saft sofort servieren.

96.   Gurken-Honigtau-Punsch

ERGIBT 2 TASSEN

Zutaten

- 1/2 Gurke
- 1/4 kleine Honigmelone
- 1 Tasse kernlose grüne Trauben
- 2 Kiwis, geschält
- 3/4 Tasse Spinat
- 1 Zweig Minze
- 1 Zitrone, geschält

Richtungen:

a) Verarbeiten Sie die Gurke und Melone durch einen elektronischen Entsafter gemäß den Anweisungen des Herstellers.

b) Weintrauben und Kiwis dazugeben.

c) Fügen Sie den Spinat und die Minze hinzu, gefolgt von der Zitrone.

d) Mischen Sie den Saft gründlich, um die Zutaten zu kombinieren, und servieren Sie ihn sofort.

97.   Magische Medizin

ERGIBT 1 TASSE

Zutaten

- 1 Mango, geschält und entkernt
- 1/2 Tasse Pfirsiche
- 1/2 Tasse Ananasstücke
- 2 Esslöffel roher Honig
- 1 Teelöffel frisch geriebener Ingwer
- 1 Tasse Blaubeeren

Richtungen:

a) Verarbeite die Mango mit deinem elektronischen Entsafter gemäß den Anweisungen des Herstellers.

b) Fügen Sie die Pfirsiche und Ananasstücke hinzu, ein paar auf einmal.

c) Den Honig mit dem Ingwer und den Heidelbeeren mischen und in den Entsafter geben.

d) Mischen Sie den Saft vor dem Servieren gründlich durch.

98. Nacht auf dem Town Tonic

ZUTATEN | ERGIBT 2 1/2 TASSEN (2 PORTIONEN)

Zutaten

- 1 kleine Rübe
- 6 mittelgroße Karotten, getrimmt
- 1 grüne Paprika, entkernt
- 1 rote Paprika, entkernt
- 1/2 Tasse Grünkohl
- 2 Tassen Babyspinatblätter
- 2 große Tomaten
- 1/4 Kopf frischer Kohl
- 2 Stangen Sellerie
- 2 Frühlingszwiebeln, getrimmt
- 1 kleine Knoblauchzehe, geschält
- 1 Teelöffel Salz ● Paprikasauce nach

Geschmack **Richtungen:**

a) Verarbeiten Sie die Rüben und die Karotten mit Ihrem elektronischen Entsafter gemäß den Anweisungen des Herstellers.
b) Fügen Sie die Paprika hinzu, gefolgt von Grünkohl und Spinat.
c) Tomaten, Kohl und Sellerie dazugeben

d) Zuletzt die Zwiebeln und den Knoblauch und das Salz hinzufügen.
e) Den Saft gründlich verquirlen, mit scharfer Sauce abschmecken und auf Eis servieren, um die Hydratation zu erhöhen.

99.   Cranberrysaft

Zutaten

- 2 Liter Wasser
- 8 Tassen frische oder gefrorene
  Preiselbeeren
- 1-1/2 Tassen Zucker
- 1/2 Tasse Zitronensaft
- 1/2 Tasse Orangensaft

Richtungen

a) In einem Schmortopf oder großen Topf
   Wasser und Preiselbeeren zum Kochen

bringen. Hitze reduzieren; abdecken und 20 Minuten köcheln lassen, bis die Beeren zu platzen beginnen.

b) Durch ein feines Sieb abseihen, Mischung mit einem Löffel andrücken; Beeren wegwerfen. Preiselbeersaft zurück in die Pfanne geben. Zucker, Zitronensaft und Orangensaft unterrühren. Zum Kochen bringen; kochen und rühren, bis sich der Zucker aufgelöst hat.

c) Von der Hitze nehmen. Cool. Übertragung auf einen Krug; abdecken und bis zum Erkalten kühl stellen.

100.
Granatapfelsaft

Zutaten

- 5 bis 6 große Granatäpfel

Richtungen:

a) Entfernen Sie mit einem Schälmesser den Teil des Granatapfels, der wie eine Krone aussieht. Ich mag es, mein Schälmesser nach unten zu winkeln und einen Kreis um die Krone zu machen.

b) Den Granatapfel in Stücke schneiden. Ich finde, dass das 4-malige Bewerten der Frucht für mich ausreicht, aber fühlen Sie sich frei, es noch ein paar Mal zu punkten.

c) Den Granatapfel in Stücke brechen.

d) Fülle eine große Schüssel mit kaltem Wasser. Brechen Sie den Granatapfel unter Wasser auseinander. Es hilft zu verhindern, dass Granatapfelsaft überall hinspritzt.

e) Gieße das Wasser aus dem Granatapfel ab, wenn du damit fertig bist, ihn von der Schale zu trennen.

f) In einen Mixer geben. Mischen, bis alle

Kerne zerkleinert sind, aber die meisten Samen noch intakt sind. Dies dauert in der Regel nicht länger als 15 bis 20 Sekunden.

g) Gießen Sie den Saft durch ein Sieb. Sie werden feststellen, dass der Saft ziemlich langsam durch das Sieb läuft, weil das Fruchtfleisch ziemlich dick ist. Um den Vorgang zu beschleunigen, verwenden Sie einen Gummispatel, um das Fruchtfleisch gegen das Sieb zu drücken. Der Saft sollte schneller durchtropfen.

h) Gießen Sie den Saft zum Servieren in ein Glas. 5 bis 6 große Granatäpfel sollten etwa 4 Tassen Saft ergeben. Übrig gebliebener Saft kann 5 bis 6 Tage in einem Glas gekühlt aufbewahrt werden.

FAZIT

Hier hast du es!

Alles, was Sie über das Entsaften wissen müssen. Jetzt sind Sie bereits mit den Informationen ausgestattet, die Sie benötigen, um Ihre eigene Entsaftungsreise sicher und korrekt zu beginnen. Wie am Anfang des Buches versprochen, habe ich alles, was ich während meiner Entsaftungsreise gelernt und entdeckt habe, mit Ihnen geteilt. Wir haben dieses eBook damit begonnen, zu definieren, was Entsaften ist, beantworteten die wichtigsten Fragen im Zusammenhang mit Entsaften, diskutierten die Vorteile des Entsaftens und Sie lernten sogar die wichtigsten Dinge, die Sie beachten sollten, wenn Sie mit dem Entsaften beginnen. Im nächsten Kapitel ging es darum, den perfekten Entsafter zu finden. Hier haben Sie alles über die verschiedenen Arten von Entsaftern gelernt, zusammen mit dem gesamten Prozess, wie Sie den besten finden

CPSIA information can be obtained
at www.ICGtesting.com
Printed in the USA
LVHW081551110822
725729LV00002B/23

9 781837 899166